Harry Potter™

ARAGOG

Dans les coulisses des films Harry Potter

Par Jody Revenson

GALLIMARD JEUNESSE

INTRODUCTION

Aragog l'Acromantule est le patriarche d'une colonie d'araignées menaçantes vivant dans la Forêt interdite. Il a été introduit à Poudlard et apprivoisé par Rubeus Hagrid lorsque celui-ci était élève, longtemps avant les événements de *Harry Potter et la Chambre des Secrets.* Accusé à tort d'être l'héritier de Serpentard par un autre élève, Tom Elvis Jedusor, Aragog s'est enfui dans la forêt. Quand Hagrid leur suggère qu'Aragog peut les renseigner sur l'héritier, Harry Potter et Ron Weasley partent à la recherche de l'Acromantule et de ses descendants, qui tentent de les dévorer. Aragog meurt de vieillesse dans *Harry Potter et le Prince de Sang-Mêlé.* À son enterrement, le professeur de potions Horace Slughorn prononce un éloge funèbre très émouvant, non sans avoir prélevé au préalable un peu de son venin, une substance aussi rare que précieuse.

« Un voyageur m'a ramené dans sa poche d'un pays lointain et il m'a donné à Hagrid. »

Aragog – *Harry Potter et la Chambre des Secrets*

UNE PEUR INHABITUELLE

Les araignées géantes au cinéma, ce n'est pas nouveau. J.K. Rowling le reconnaît : « Dans les vieux films de science-fiction, les araignées sont toujours burlesques, elles ne font jamais peur. » L'auteur se demandait comment les cinéastes allaient réussir à créer une énorme araignée, aussi effrayante que celle qu'elle avait imaginée, et qui ne soit pas ridicule. Chris Columbus, réalisateur de *Harry Potter et la Chambre des Secrets*, partageait sa crainte : « Aragog fonctionne à merveille dans le livre, mais ça nous angoissait un peu. Une araignée qui parle peut vite être grotesque. » Même si l'équipe allait se régaler à la créer, il devait s'assurer que personne n'ait envie de rire quand Aragog apparaîtrait à l'écran !

« Si quelqu'un voulait découvrir quelque chose, tout ce qu'il aurait à faire, ce serait de suivre les araignées… Oui, il serait sur la bonne voie. »

Rubeus Hagrid – *Harry Potter et la Chambre des Secrets*

TAPI DANS L'OMBRE

Pour éviter qu'Aragog ait l'air comique, Chris Columbus a décidé de le maintenir dans la pénombre. « Avec un décor trop bien éclairé, le public se serait moqué de cette araignée qui parle », précise-t-il. Il a donc situé la tanière d'Aragog au plus profond de la ténébreuse Forêt interdite, sous un dôme d'arbres et de branchages aux formes très torturées, couvert d'innombrables couches de toiles d'araignée.

« Pourquoi des araignées ? Pourquoi ça ne pouvait pas être "suivez les papillons" ? »

Ron Weasley – *Harry Potter et la Chambre des Secrets*

SUR PAPIER

La conception d'une créature commence par toute une série d'esquisses, de dessins et de peintures préparatoires créés par le service artistique. Pour Aragog, après de longues recherches, Adam Brockbank, dessinateur concepteur de *Harry Potter et la Chambre des Secrets*, s'est inspiré de l'araignée-loup. « Transposé à l'échelle d'Aragog, reconnaît-il, ça fait vraiment très peur. »

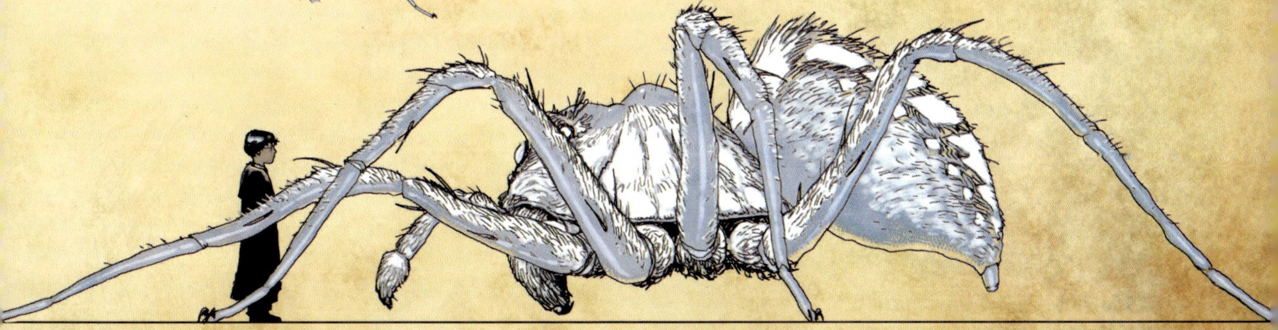

L'ART DE LA TOILE

Les recherches d'ambiance de la créature dans son milieu naturel donnent des idées d'éclairage et de mise en scène lors de la construction des décors. Les dessinateurs Adam Brockbank, Dermot Power et Andrew Williamson ont fait évoluer Aragog dans des paysages effrayants, envahis de toiles d'araignée. Ils ont aussi imaginé sa première rencontre avec Harry et Ron. Grâce à l'infographie, ils ont pu proposer aux réalisateurs plusieurs options de décors, de personnages et de créatures.

EN TROIS DIMENSIONS

Une fois les dessins validés, Nick Dudman est entré en scène. Le superviseur des « effets créatures » et son équipe devaient créer Aragog en 3D. « On fait des petites maquettes de chaque créature », explique-t-il. Grâce à elles, le réalisateur, les producteurs et surtout Stuart Craig, le chef décorateur qui a supervisé tous les films *Harry Potter*, ont pu voir la créature « sous tous les angles » et proposer des modifications avant qu'une maquette plus grande ne soit réalisée, si besoin était.

VIRTUEL ? POUR ET CONTRE

L'équipe du film a ensuite décidé si la créature serait créée par images de synthèse ou en animatronique, à taille réelle. « Je me suis battu pour fabriquer Aragog "en vrai", explique Nick Dudman, le superviseur des "effets créatures". L'idée de le faire en images de synthèse a été évoquée, mais j'ai refusé. On savait qu'il y aurait plein d'araignées surgissant de partout et descendant le long de leurs fils. Mais tout ce que fait Aragog, c'est sortir de son trou et dire deux ou trois répliques. Alors on pouvait le construire. D'accord pour que toutes les autres araignées qui courent le long des arbres soient en images de synthèse ! Mais Aragog, lui, devait être à taille réelle. »

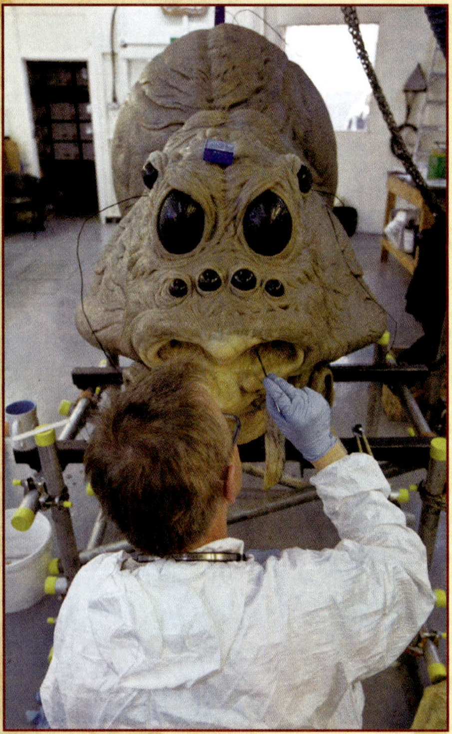

UNE BESTIOLE DE RIEN DU TOUT ?

Dans le film *Harry Potter et la Chambre des Secrets*, Aragog fait plus de 5 mètres d'envergure et pèse une tonne. Une équipe de 25 personnes a mis cinq mois pour fabriquer l'Acromantule grosse comme un éléphant. Nick Dudman a assisté au tournage des scènes : « J'ai vu une araignée géante ramper hors d'un trou et parler pour de vrai ! Ce n'était pas un trucage ! » Nick reconnaît que l'une des raisons pour lesquelles il fait ce métier, c'est que « franchement, on s'amuse beaucoup » !

UN TRAVAIL COLLECTIF

La première version d'une créature n'est jamais définitive. « Je tiens toujours compte des commentaires de mon équipe », explique Nick Dudman. Mais pas seulement : « Toutes les opinions sont bonnes. Si le traiteur me dit : "Les pattes ne devraient-elles pas être plus longues ?", on y réfléchit. Si des enfants visitent l'atelier et crient : "Quelle horreur !", on sait qu'on va dans la bonne direction. Et si quelqu'un rigole en la voyant, je veux comprendre pourquoi. On ne travaille pas sur une machine mais sur un personnage. La créature qui arrive sur le plateau "a été faite" par de nombreuses personnes ; c'est pour ça qu'elle a l'air aussi vraie et bouge de manière réaliste. »

ULTIMES FINITIONS

Le bon fonctionnement d'une créature est aussi crucial que son apparence. « Même si on a eu un tas d'excellentes idées, explique Nick Dudman, quand on passe à l'assemblage, on a toujours des surprises, comme "Il faudrait une articulation en plus" ou "Ce morceau devrait se plier dans tel sens". » Pour définir l'aspect d'une créature, Nick Dudman consulte les personnes en charge de l'éclairage et des décors. Il précise : « Le décor peut être très sombre. Alors, on fera une fourrure plus claire que prévu, sachant qu'elle pourra être assombrie à l'aérographe ; de cette façon, la créature ressortira sur le décor. » Aragog allait ainsi changer et évoluer jusqu'à son entrée sur le plateau.

ARAGNA EXIME !

« Vous en aller ? Je ne crois pas. Mes fils et mes filles ne font pas de mal à Hagrid car je le leur interdis. Mais je ne peux leur refuser un peu de viande fraîche lorsque celle-ci s'aventure jusqu'à nous. Adieu, amis de Hagrid. »

Aragog – *Harry Potter et la Chambre des Secrets*

Dans *Harry Potter et la Chambre des Secrets*, Harry et Ron sont encerclés par les nombreux descendants d'Aragog, qui les voient comme de délicieux en-cas. Pour s'en sortir, Harry utilise le sort *Aragna Exime*, qui repousse les araignées. Il l'a découvert dans le journal de Tom Jedusor, dont l'un des souvenirs révèle sa confrontation avec Hagrid, le jour où Tom a accusé Aragog d'être l'héritier de Serpentard. Ce sort est l'un des huit nouveaux sorts créés spécialement pour ce film.

SAUVE QUI PEUT !

Harry et Ron survivent aux Acromantules grâce à la Ford Anglia volante des Weasley, qui était retournée à l'état sauvage dans la Forêt interdite, après avoir échappé au Saule cogneur. Crockdur, le chien de Hagrid, qui les accompagne, bondit dans la voiture juste avant qu'elle ne reparte. « Comme il n'était pas possible de faire entrer un vrai chien dans la voiture, explique Nick Dudman, on a fabriqué une "doublure" de Crockdur télécommandée. » Elle était aussi programmée pour baver : « Un clin d'œil à Rupert », ajoute Nick Dudman.

MAQUETTE AU POIL

Aragog est en latex et en polystyrène, des matériaux faciles à travailler. La maquette a été peinte à l'aérographe pour les pattes, la tête et le corps, puis « floquée ». Lors de ce processus délicat, les techniciens « projettent » des petits poils duveteux sur la créature. Comme une grosse araignée possède également des gros poils, plus épais, une autre équipe a implanté ces derniers un par un, grâce à une aiguille spéciale. Des poils de balais ont servi à faire les plus fins, tandis que les plus épais et « velus » ont été fabriqués avec des tiges de plumes enduites de duvet et de colle, et roulées dans du Lurex, un fil au fini métallisé.

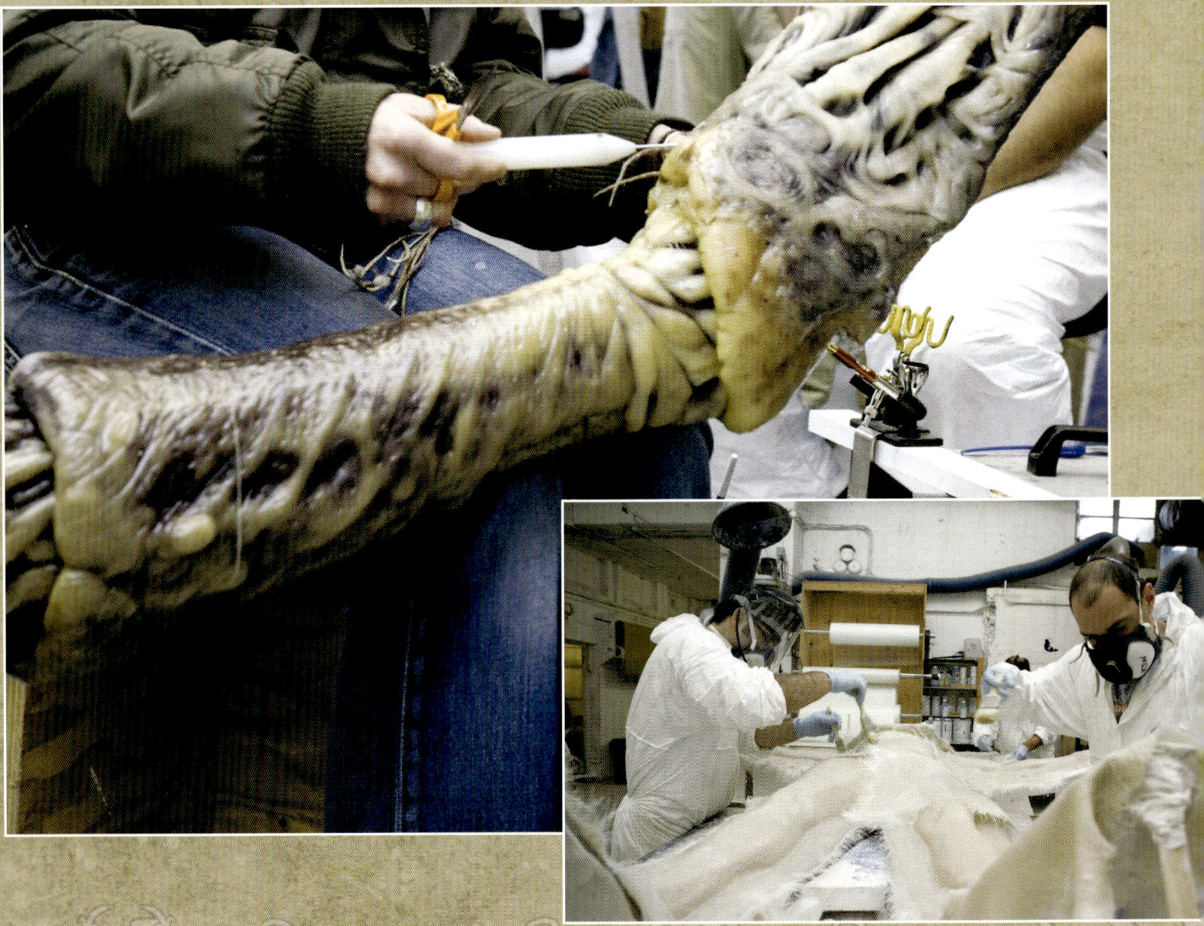

MONSTRE D'EAU

Au cinéma, les gros monstres sont souvent mus par un mécanisme hydraulique qui injecte de l'huile dans des câbles. Mais pour Nick Dudman, cela donnait des mouvements trop saccadés pour la grâce et la lenteur des araignées. Il a remplacé l'huile par de l'eau et baptisé son système « aquatronique ». Ce dernier a servi pour tous les éléments animatroniques de l'araignée. « Lors des tests, on a reproduit précisément les mouvements lents et effrayants des araignées, juste avant qu'elles ne bondissent. Malgré quelques fuites d'eau, Aragog était vraiment flippant ! »

QUI TIRE LES FICELLES ?

Les pattes avant d'Aragog, mécaniques, ont été actionnées grâce à un système de contrôle de mouvement à distance. Son principe ? Un opérateur manipule une reproduction en miniature de la créature connectée par réseau sans fil à son « double ». Dès que celle-ci effectuait un mouvement, Aragog le reproduisait. « En coulisses, on avait modélisé une série de quatre pattes d'araignée, explique Nick Dudman, et quels que soient les mouvements qu'on faisait avec elles, les pattes d'Aragog faisaient la même chose. » Un peu comme un marionnettiste qui manipulerait sa marionnette sans avoir besoin de ficelles !

BAGUETTES MAGIQUES

Les quatre pattes arrière de l'Acromantule ont été actionnées par des marionnettistes. Pour faire sortir Aragog de sa tanière, l'équipe de Nick Dudman l'a placé sur un dispositif muni de poids. « On l'a installé sur une sorte de balançoire avec un contrepoids à l'autre bout. » Quatre personnes le faisaient bouger à l'aide de « baguettes fixées au bout des pattes ». Aragog était tapi dans un grand trou assez profond, et lorsque les marionnettistes ont soulevé sa « balançoire », il s'est mis littéralement à « marcher ».

PAROLE D'ARAGOG !

Pour un acteur, jouer face à des créatures animées à taille réelle est un énorme avantage. Les créateurs d'Aragog ont fait mieux encore : ils ont installé dans la gueule de l'araignée un système de commande vocale relié à un ordinateur. Lorsqu'un fichier audio contenant une réplique d'Aragog dite par le comédien Julian Glover se déclenchait, Aragog prononçait les mêmes mots, parfaitement synchronisés ! Il suffisait de cliquer sur pause après chaque réplique pour laisser les jeunes acteurs dire les leurs. Daniel Radcliffe (Harry Potter) et Rupert Grint (Ron Weasley) ont pu ainsi jouer en temps réel avec l'Acromantule.

UNE IMPRESSION TERRIFIANTE

« Ce sont des créatures incomprises, les araignées. C'est les yeux, je pense. Ça perturbe. »

Rubeus Hagrid – *Harry Potter et le Prince de Sang-Mêlé*

Daniel Radcliffe (Harry Potter) se souvient de sa première rencontre avec Aragog : « Pour notre premier plan dans la fosse des araignées, Rupert et moi on franchissait une sorte de crête dans la forêt, et des milliards d'araignées mécaniques nous attendaient de l'autre côté. Elles avaient d'horribles crochets qui bougeaient sans arrêt. Flippant ! »

ACROMANTULOPHOBIE

Rupert Grint (Ron Weasley), qui a la phobie des araignées comme Ron, garde de cette première rencontre avec Aragog un souvenir un peu différent. « C'était terrifiant ! Je ne savais pas à quoi m'attendre. Dans la vraie vie, j'ai une peur bleue des araignées, même en plastique. Et là, dans la fosse, on tombe sur Aragog, cette araignée de la taille d'un éléphant. Je n'étais pas à l'aise. Je ne jouais pas la comédie, j'avais peur pour de vrai. » Rupert avoue que c'est la scène qu'il a le moins appréciée de tout le film, et qu'il ne peut toujours pas la regarder jusqu'au bout. « Tourner cette scène a aggravé ma phobie ! »

PLUS VRAIE QUE NATURE

Le responsable des effets spéciaux, Nick Dudman, se souvient lui aussi des scènes avec Aragog et les deux jeunes acteurs. « Daniel répétait : "Je ne m'en approche pas." Et Rupert flippait totalement. » Bien que sensible à leur réaction, Nick est très content de lui, « parce que ce qui leur faisait peur, ce n'était pas un gros monstre mécanique. Si cette créature dérangeait les acteurs et les techniciens, c'est qu'elle était bien une araignée, suscitant les mêmes réactions qu'une vraie. »

« Je... Je n'aime pas les araignées. »

Ron Weasley – *Harry Potter et la Chambre des Secrets*

ADIEU, ARAGOG !

Plusieurs années plus tard, dans *Harry Potter et le Prince de Sang-Mêlé*, Harry Potter boit le contenu d'une fiole de Felix Felicis, la potion qui porte chance, qu'il a gagnée au cours de potions, et rencontre le professeur Horace Slughorn. Alors qu'ils assistent aux funérailles d'Aragog organisées par Hagrid, le professeur en profite pour se procurer du venin d'Acromantule avant que l'araignée ne soit enterrée. Après ce triste événement, Harry découvre finalement comment Tom Jedusor a appris à créer des Horcruxes, grâce au souvenir authentique du professeur Slughorn à ce sujet.

« Hagrid, je ne veux rien faire qui puisse vous choquer, mais le venin d'Acromantule est extrêmement rare. M'autorisez-vous à en prélever une fiole ou deux ? Dans un but purement professionnel, naturellement... »

Horace Slughorn
– *Harry Potter et le Prince de Sang-Mêlé*

LES RETROUVAILLES

Comme pour *Harry Potter et la Chambre des Secrets*, pour *Harry Potter et le Prince de Sang-Mêlé* il a fallu décider si Aragog serait une maquette grandeur nature ou un personnage en images de synthèse : Quelle solution est la plus économique ? La plus pratique sur le plateau ? Quelle est celle qui apporte un réel bénéfice aux comédiens ? « Je me bats toujours pour fabriquer une créature "en vrai" si ça se justifie, raconte Nick Dudman. Bien sûr, lorsqu'on ne peut pas faire appel à l'animatronique, j'accepte de recourir au numérique. Mais quand on m'explique qu'Aragog est mort et ne fera aucun mouvement, je me dis qu'il faut absolument le construire. » Aragog a donc existé de nouveau « physiquement », avec plusieurs améliorations notables.

ARAGOG, LE RETOUR

« – Il avait une famille, j'imagine ?
– Oh, oui ! »

Horace Slughorn et Harry Potter
– Harry Potter et le Prince de Sang-Mêlé

Nick Dudman avait hâte de faire « revivre » Aragog, mais il savait qu'il ne pouvait pas réutiliser l'original, parce que cette fois-ci la créature serait immobile, sur le dos. Aragog a donc été entièrement redessiné pour paraître mort. « Je voulais qu'il soit translucide, comme les araignées mortes qu'on trouve recroquevillées au fond d'une baignoire. Quand on les éclaire, elles ont l'air creuses. » Pour obtenir cet effet, l'enveloppe de la créature a été moulée dans du polyuréthane. « Et on voit sa structure interne à travers la surface, quand la lumière du soir traverse ses pattes », ajoute Nick.

POIDS MORT

« – Il s'agit d'une vraie Acromantule ?
– D'une Acromantule morte, monsieur. »

Horace Slughorn et Harry Potter – *Harry Potter et le Prince de Sang-Mêlé*

Dans le script original du *Prince de Sang-Mêlé*, Hagrid pousse Aragog dans un trou creusé à flanc de colline. « Il fallait qu'on fabrique une version solide et lourde, pour donner l'illusion d'un corps très pesant au moment où Hagrid le fait rouler dans la tombe, déclare Nick Dudman. Si Aragog avait été plus léger, ses pattes auraient flotté autour de son corps, et ça aurait été bizarre. » Cette fois, l'araignée de plus de 700 kilos avait un squelette en acier, et elle était totalement rigide, pour ne pas tomber en morceaux lorsqu'elle basculait dans le trou. Elle a été fixée sur un rail à l'aide d'un câble de sécurité. « Le mouvement de sa chute était magnifique, s'enthousiasme Nick. Mais j'avoue qu'elle était plus lourde que prévu ! »

UN HOMMAGE TOUCHANT

« Adieu, Aragog, roi des arachnides. Ton corps sera poussière, mais ton esprit demeurera et tes amis humains y verront une consolation. »

Extrait de l'éloge funèbre d'Aragog, par Horace Slughorn
– *Harry Potter et le Prince de Sang-Mêlé*

Aragog était tant apprécié par l'équipe que pour tourner la scène finale les techniciens avaient mis des brassards noirs en signe de deuil. Ils ne s'attendaient pas à être aussi émus par son éloge funèbre. « Même un objet inanimé peut susciter un vrai moment d'émotion, raconte Nick Dudman. Et si les gens réagissent comme face à une véritable araignée, alors notre objectif est atteint. »

PERSONNALISE ARAGOG

Les maquettes des Kits collector sont entièrement personnalisables. Conçues en bois non traité, elles peuvent être décorées avec de la peinture, des feutres, des crayons, des perles, des paillettes – tout ce qui te plaira ! Avant de te lancer dans le montage et la décoration de ta maquette, lis attentivement la notice pour savoir comment assembler toutes les pièces. Puis réfléchis à ce que tu veux vraiment : souhaites-tu une réplique exacte d'Aragog ou une araignée totalement différente ? C'est à toi de choisir ! Voici un exemple pour te donner des idées.

IL TE FAUT

- De la peinture acrylique marron, orange, noire, blanche et beige
- Un pinceau
- Un cure-dents ou un pinceau à maquette

AVANT DE TE LANCER

- En règle générale, on colorie au feutre ou au crayon *avant* d'assembler la maquette. La peinture s'applique *après*.
- Pour faire la copie d'un objet, il est toujours utile d'étudier d'abord sa photo. Regarde attentivement tous les détails et cherche comment tu peux les reproduire.

POUR PEINDRE ARAGOG

1. Assemble la maquette sauf les pattes.
2. Peins la maquette et toutes les pattes en marron.
3. Peins les crochets d'Aragog en beige.

Astuce : Si tu n'as pas de peinture beige, mélange du blanc avec une pointe de marron.

4. Peins les yeux d'Aragog en noir. N'oublie pas qu'il en a huit !
5. Avec le cure-dents ou le pinceau à maquette, dessine des points blancs au centre des yeux.
6. Fixe les pattes à la maquette.
7. Termine par la « fourrure » d'Aragog : avec le cure-dents ou le pinceau à maquette, dessine partout des lignes orange fines et courtes, comme sur le modèle. Commence par un côté et continue jusqu'à ce qu'Aragog soit recouvert. Les lignes vont presque toujours dans le même sens, sauf autour de sa tête, où la fourrure est ébouriffée.

Conçu sous la marque IncrediBuilds™, une marque de Insight Editions LP, PO Box 3088, San Rafael, CA 94912, États-Unis, www.insighteditions.com

Édition originale publiée en 2016 par Insight Editions, San Rafael, Californie, États-Unis, sous le titre *Aragog*

POUR L'ÉDITION ORIGINALE
Direction éditoriale : Raoul Goff
Direction artistique : Chrissy Kwasnik
Conception : Jenelle Wagner
Édition : Vanessa Lopez
Coordination éditoriale : Greg Solano
Assistant de production : Jacob Frink
Fabrication : Elaine Ou, Anna Wan

Insight Editions souhaite remercier Victoria Selover, Melanie Swartz, Elaine Piechowski, Ashley Bol, Margo Guffin, George Valdiviez et Kevin Morris.

Pour chaque arbre utilisé dans la fabrication de cet ouvrage, Insight Editions, en partenariat avec Roots of Peace, en replantera deux. Roots of Peace est une association humanitaire de renommée internationale : elle se consacre à l'éradication des mines et reconvertit des zones dévastées par la guerre en fermes ou en habitats pour la faune sauvage. En plus de planter deux millions d'arbres fruitiers et d'arbres à noix en Afghanistan, Roots of Peace fournira aux fermiers locaux les compétences et le soutien nécessaires à l'exploitation durable de leurs terres.

Réalisation de l'édition française : Agence Juliette Blanchot, Paris
Traduction : Cécile Delaroue
Suivi de traduction : Sylvie Gauthier
Relecture : Catherine de Sairigné-Bon
Adaptation de couverture : Guillaume Arduré

ISBN : 978-2-07-507622-7

Gallimard Jeunesse, 2016

Dépôt légal : octobre 2016
N° d'édition : 307630
Loi n° 49-956 du 16 juillet 1949 sur les publications destinées à la jeunesse

Fabriqué et imprimé en Chine